Ateliers
RENOV'LIVRES S.A.
2003

INSTRUCTION
SUR LE SERVICE
QUE LES
RÉGIMENS DE CAVALERIE
DEVRONT FAIRE
DANS LES
CAMPS QUI S'ASSEMBLERONT
pendant la présente année 1753.

Du 29 Juin 1753.

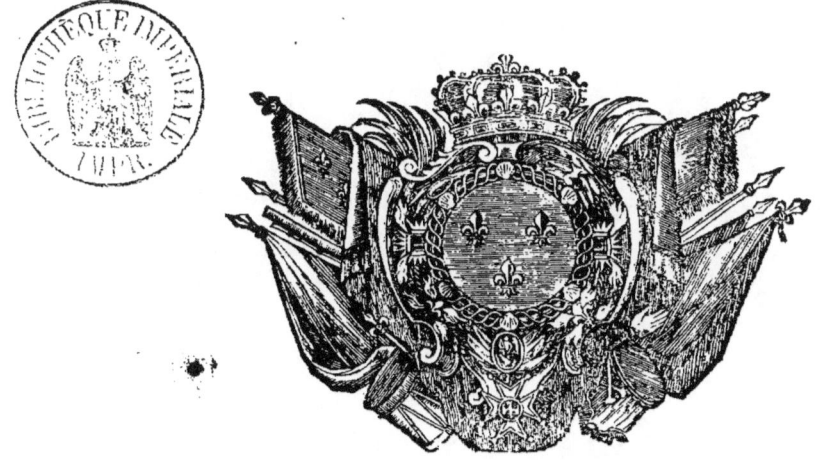

A PARIS,
DE L'IMPRIMERIE ROYALE.

M. DCCLIII.

TABLE

Des Titres contenus dans l'Inſtruction du 29 juin 1753, ſur le ſervice que les régimens de Cavalerie devront faire dans les Camps qui s'aſſembleront pendant la préſente année 1753.

Du Campement.. . . . . Page 1
De l'établiſſement dans le Camp. 7
De la garde de l'Étendard. 12
Du Piquet. 18
Des Brigades.. 24
De l'Ordre. 25
Du Guet & de l'Appel, & autres règles du Camp. 28
De l'ordre à obſerver pour commander les Gardes & Détachemens. 30
De la Garde ordinaire. 36
Du ſervice des Gardes ordinaires dans leurs poſtes. 39

Des Vedettes. 47
Des Cavaliers d'ordonnance. 48
Des Détachemens. 49
Des Marches. 52
Des Cuirasses. 56
Des Équipages. 57
Des Fourrages. 61
Des Distributions. 63
De la discipline & police du Camp. 64

INSTRUCTION

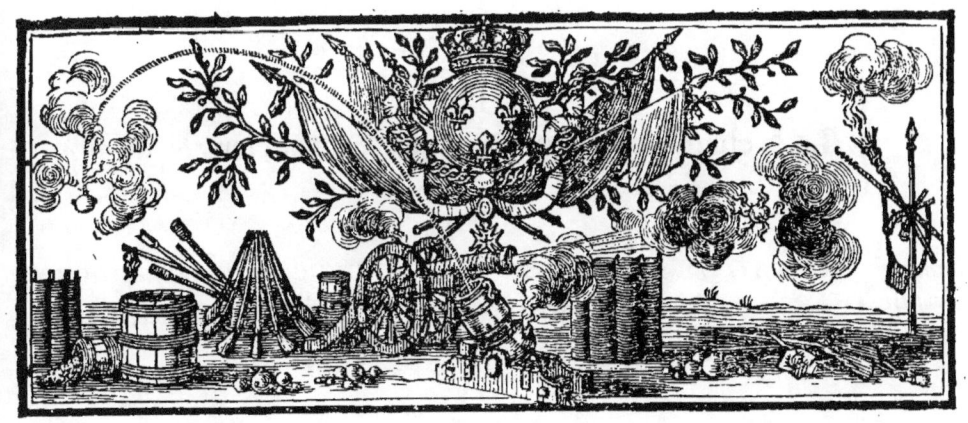

INSTRUCTION

Sur le service que les Régimens de Cavalerie devront faire dans les Camps qui s'assembleront pendant la présente année 1753.

Du 29 Juin 1753.

DU CAMPEMENT.

ARTICLE PREMIER.

LES Meſtre-de-camps des régimens qui ont eu ordre de ſe tenir prêts à camper, auront ſoin qu'ils ſoient pourvûs de tout ce qui eſt néceſſaire à cet effet.

II.

IL y aura ſix tentes égales par compagnie; ſavoir, une pour le Maréchal-des-logis, & cinq pour les Cavaliers, à raiſon de ſix hommes par chambrée. *Tentes.*

III.

Les chambrées feront composées d'anciens & de nouveaux Cavaliers.

IV.

Marmites & outils. Chaque chambrée sera pourvûe d'une marmite, d'une gamelle, d'un barril, d'une pelle, d'une pioche, d'une hache, & d'une serpe.

V.

Manteau d'armes. Il y aura un manteau d'armes par régiment, pour couvrir les armes des Cavaliers de la garde des étendards.

VI.

Cordeaux. Il y aura un cordeau par escadron, de cinquante-six pas de longueur, pour marquer le front du camp, & un autre de trente-six pas, pour en marquer la profondeur: ces cordeaux seront divisés par toises & demi-toises.

Il y aura aussi par compagnie une fiche blanche de sept pieds de haut, ferrée par un bout, & ayant à l'autre une banderole des mêmes couleurs du galon affecté à chaque régiment.

VII.

Avis de l'arrivée. Quand le régiment arrivera dans le lieu le plus à portée de celui où il devra camper, celui qui le commandera donnera avis de son arrivée au Commandant du camp, & à l'Intendant.

VIII.

Détachement pour aller marquer le camp. Le Commandant du régiment fera partir à l'avance pour aller au campement, un Officier major avec un Maréchal-des-logis par escadron, un Brigadier & un Cavalier par compagnie.

IX.

Les Maréchaux-des-logis feront munis des cordeaux, & les Brigadiers des fiches ci-dessus indiqués.

XXII.

CELLES des tentes des Vivandiers, à dix pas des cuisines.

Des Vivandiers.

XXIII.

CELLES des tentes des Lieutenans & Cornettes, à vingt pas de celles des Vivandiers; & celles des Capitaines, à vingt pas de celles des Subalternes.

Des tentes des Officiers.

XXIV.

A l'égard des tentes des Officiers supérieurs des régimens, elles seront trente pas en arrière de celles des Capitaines; savoir, celle du Mestre-de-camp, vers le centre du régiment, celle du Lieutenant-colonel, à la gauche de celle du Mestre-de-camp, & celles du Major & de l'Aide-major, à la gauche, & un peu en arrière de celles du Mestre-de-camp & du Lieutenant-colonel; observant, que quand le régiment sera campé par sa gauche, les tentes du Lieutenant-colonel & des Officiers majors devront être sur la droite de celle du Mestre-de-camp.

XXV.

LES portes de toutes ces tentes seront tournées du côté du camp; & afin qu'elles soient alignées sur celles des Cavaliers, ainsi que les cuisines & les forges, l'Officier major qui fera marquer le camp, aura attention qu'il soit mis des fiches qui indiquent cet alignement.

XXVI.

SI l'on se trouve dans l'obligation de resserrer ou d'étendre le camp, on diminuera ou on augmentera les intervalles entre les régimens & les brigades, & entre la Cavalerie & l'Infanterie: on pourra aussi élargir les rues des chevaux; mais on n'augmentera ni ne diminuera jamais l'intervalle entre les tentes adossées.

Resserrer ou élargir le camp.

XXVII.

Passage par les grands intervalles.

LE camp étant marqué, les Majors ordonneront aux Maréchaux-des-logis & Brigadiers de campement, d'empêcher que les troupes & les équipages ne passent ailleurs que dans les grands intervalles.

XXVIII.

Logement du Brigadier & du Major de brigade.

LORSQUE les marqueurs du camp auront marqué les maisons qui devront être occupées dans le voisinage, s'il en reste dans le terrein d'une brigade qui n'aient point été marquées par eux, il sera permis au Brigadier, & après lui au Major de brigade, d'y loger; mais au défaut de maisons dans ledit terrein, ces Officiers seront obligés de camper à la queue de leur brigade.

XXIX.

POUR éviter toute difficulté sur la fixation du terrein de chaque brigade, sa largeur sera comptée, à l'égard de celles qui seront campées en première ligne, depuis l'alignement de l'encoignure de la première tente de la droite, jusqu'à celui de la première tente de la brigade suivante; & en profondeur, depuis soixante-dix toises en avant du front du camp, jusqu'à quatre-vingts toises en arrière: quant aux brigades de la seconde ligne, leur terrein s'étendra sur la même largeur depuis leur front de bandière jusqu'à deux cens toises en arrière.

XXX.

Défenses aux Officiers de loger.

AUCUN des Officiers à qui il est ordonné de camper, ne pourra, sous quelque prétexte que ce soit, s'établir ni mettre ses chevaux, domestiques & équipages dans une maison voisine du camp.

X.

AUCUN autre que les Officiers, Maréchaux-des-logis, Brigadiers & Cavaliers, commandés pour le campement, n'y marchera avec eux, à moins d'un ordre contraire.

X I.

QUAND l'alignement du camp aura été réglé sur des points de vûe donnés, l'aîle droite ou l'aîle gauche de Cavalerie (selon le côté par lequel on devra commencer) marquera son camp; & quand l'Infanterie aura marqué le sien, l'autre aîle continuera de même, laissant cinquante pas d'intervalle entre le camp de l'Infanterie & le sien. *Distribution du terrein.*

X I I.

LE Maréchal-des-logis de la Cavalerie distribuera aux Majors des brigades de ce corps, le terrein qui lui aura été désigné; & ceux-ci le distribueront à chaque régiment & escadron.

X I I I.

LES Majors de l'aîle de la Cavalerie qui marquera son camp la dernière, suivront l'alignement de l'Infanterie, à moins qu'il n'eût été ordonné de faire un coude.

X I V.

LES camps des escadrons d'un même régiment ou d'une même brigade, seront marqués dans le même ordre qu'ils devront être en bataille.

X V.

ON laissera six pas d'intervalle entre le camp de chaque régiment, & trente pas d'une brigade à l'autre. *Intervalles.*

X V I.

LORSQUE le cordeau du front du camp de l'escadron aura été tendu, on marquera la place de la fourche *Place des tentes des Cavaliers.*

A ij

des premières tentes de chaque compagnie, de manière que les tentes des deux compagnies du centre de l'escadron qui feront adossées, occupent treize pas ou trente-neuf pieds, y compris la ruelle pour l'écoulement des eaux, & qu'il y ait quinze pas ou quarante-cinq pieds entre les tentes des compagnies qui se feront face.

XVII.

LE cordeau qui devra marquer la profondeur du camp, sera placé perpendiculairement à celui du front, sur l'alignement que la première compagnie devra former, auquel les autres compagnies se conformeront.

XVIII.

ON laissera sept pas ou vingt-un pieds entre les fourches des tentes de chaque compagnie.

XIX.

Place des piquets des chevaux.

LES piquets des chevaux seront plantés trois pas en avant des fourches des tentes : le premier sera mis vis-à-vis de celle de la tente du Maréchal-des-logis ; & on laissera un intervalle entre les chevaux de chaque chambrée, pour le passage des Cavaliers.

XX.

Place des fourrages.

L'ON mettra les fourrages dans l'intervalle des tentes de chaque compagnie ; & la dernière chambrée, pour éviter les accidens du feu, à cause de la proximité des cuisines, les mettra entre sa tente & celle de la chambrée précédente.

XXI.

Place des cuisines & des forges.

LES places des cuisines seront à quinze pas de la dernière tente des Cavaliers ; & les forges seront placées sur le même alignement.

XXXI.

Les Majors de brigade feront tenus d'avertir le Brigadier & le Maréchal-des-logis de la Cavalerie, des Officiers qui ne feront pas campés à leurs troupes, ou qui feront contrevenus à l'article ci-deffus; & celui-ci en rendra compte au Commandant du camp & à celui de la Cavalerie.

XXXII.

Qui que ce foit, en aucun cas, ne pourra loger dans les Eglifes ou Chapelles.

XXXIII.

Chaque Major de campement ira au devant de fon régiment dès qu'il en verra arriver la tête, pour le conduire fur le terrein où il devra camper; & lorfque la colonne des équipages commencera à paroître, un Maréchal-des-logis ira pareillement au devant pour les conduire à la queue du camp, aux places qui auront été marquées; obfervant de s'informer des chemins par lefquels les troupes & les équipages devront venir au camp, afin qu'ils y arrivent fans embarras. *Conduite au camp.*

DE L'ÉTABLISSEMENT DANS LE CAMP.

XXXIV.

Le régiment étant arrivé à la tête de fon camp, s'y mettra en bataille l'épée à la main, faifant face en dehors. *Arrivée au camp.*

XXXV.

Un Officier major fera aux Cavaliers les défenfes ordonnées.

XXXVI.

Il fera fortir des rangs le piquet, qui fe portera trente *Piquet.*

pas en avant du régiment, & y reftera jufqu'à ce que le régiment étant campé, le Commandant de la brigade lui ordonne d'entrer dans le camp.

XXXVII.

Garde de l'étendard. LE Major fera auffi fortir des rangs les Cavaliers pour la garde des étendards, & le Brigadier qui devra les commander, lequel les fera entrer dans le camp, mettre pied à terre, attacher leurs chevaux à leurs piquets, prendre leurs moufquetons, & venir fe placer à la tête du camp de la première compagnie, pour y recevoir les timbales & les étendards quand ils y arriveront.

XXXVIII.

L'AVANT-garde du régiment fe portera en avant avec les timbales, entre le piquet & le régiment auquel elle fera face; alors le Lieutenant-cornette ou Maréchal-des-logis de chacune des compagnies où les étendards font attachés, & à leur défaut un Brigadier, fe portera en avant fuivi du Cavalier portant l'étendard; lequel fera efcorté de deux Cavaliers ayant le fabre à la main pour les conduire à cette avant-garde, où il laiffera lefdits trois Cavaliers.

XXXIX.

Entrée dans le camp. LORSQUE le Brigadier ou le Meftre-de-camp commandant la brigade, aura donné l'ordre au Major de Brigade ou du régiment, de faire entrer la brigade ou le régiment dans fon camp, chaque Officier major, après avoir fait remettre les fabres, fera faire demi-tour à droite par compagnie à fon régiment, & marcher pour entrer dans le camp.

XL.

LES efcadrons de la même brigade obferveront de faire

ce

ce mouvement enfemble autant qu'il fera poffible, en fe réglant fur le régiment chef de brigade.

XLI.

LE régiment étant entré dans fon camp, l'Officier commandant l'avant-garde marchera à la garde des étendards, à laquelle il les remettra ainfi que les timbales; & il entrera enfuite dans le camp avec fa troupe.

XLII.

LES Brigadiers & Meftre-de-camps refteront à cheval à la tête du camp, jufqu'à ce qu'ils y aient vû entrer leur brigade ou leur régiment.

XLIII.

LES Officiers & Maréchaux-des-logis de chaque compagnie en feront tendre & aligner les tentes, & ne mettront point pied à terre qu'elles ne foient tendues.

XLIV.

PENDANT qu'on tendra les tentes, un Officier major affemblera promptement à la tête du camp, le nombre de Cavaliers néceffaire pour aller aux fourrages & autres diftributions, avec les Officiers & Maréchaux-des-logis qui devront les conduire. *Détachemens aux fourrages & autres diftributions.*

XLV.

DÈS que les tentes feront tendues, les Officiers & Maréchaux-des-logis des compagnies feront balayer les rues & la tête du camp. *Propreté du camp.*

XLVI.

ILS empêcheront de faire du feu ailleurs qu'aux places marquées pour les cuifines & les forges. *Feu.*

XLVII.

LES Officiers majors feront faire diligemment les communications néceffaires tant à leur droite qu'à leur gauche, *Communications.*

B

en avant & en arrière, fans avoir aucun égard au temps & à la fatigue; & s'il fe trouvoit devant le régiment un terrein inégal, ils le feront applanir jufqu'à quarante pas en avant du front du camp.

XLVIII.

Le terrein dont chaque régiment fera chargé, contiendra depuis le front de fa première tente jufqu'à celle de la première compagnie du régiment voifin; l'intervalle de l'un à l'autre devant être cenfé faire partie de celui qui aura été diftribué au premier pour camper.

XLIX.

Latrines. On fera creufer les latrines fur le même alignement que celui de l'Infanterie : on mettra un appui à la place où elles auront été marquées, & une feuillée s'il eft poffible; & tous les huit jours on fera de nouvelles latrines, & on comblera les anciennes qu'on marquera avec un jalon.

L.

Boucheries. Dans les régimens où il y aura des bouchers, les Majors leur indiqueront en même temps le terrein où ils devront fe placer, dans un affez grand éloignement pour qu'ils ne puiffent point caufer d'infection dans le camp; & ils les obligeront d'enterrer les entrailles des beftiaux qu'ils tueront.

Ils empêcheront qu'il ne s'établiffe dans leur camp des Vivandiers d'un autre régiment.

LI.

Corvées. On commandera pour les premières corvées le nombre d'hommes néceffaire, fans y employer les Cavaliers de piquet; & lorfqu'il y aura à la garde de l'étendard des

Cavaliers arrêtés pour châtiment, on les obligera à faire les travaux du camp.

L I I.

DEPUIS le moment où la troupe sera entrée dans le camp, jusqu'à celui où elle sera campée dans l'ordre où elle doit l'être, les Officiers majors seront tenus de rester à cheval à la tête du camp, sans pouvoir se retirer que tout ce qui est prescrit ci-dessus n'ait été auparavant exécuté. *Attentions des Majors.*

L I I I.

ILS iront ensuite visiter les abreuvoirs à portée du camp, pour faire mettre en état ceux qui seront praticables; & les Majors de brigade feront rompre ceux qui seroient dangereux. *Abreuvoirs.*

L I V.

LES Majors des régimens donneront en arrivant au camp, & ensuite tous les mois, au Maréchal-des-logis de la Cavalerie, un état exact de la force du régiment & du nombre des Officiers présens, auquel ils ajoûteront les noms & les grades des Officiers qui manqueront, les raisons de leur absence & les lieux où ils seront. *État du régiment.*

L V.

ILS rendront compte à ce même Officier de ce qu'il y aura à leur régiment de poudre, de balles & de pierres à fusil, pour qu'il leur en procure la quantité nécessaire. *Poudre & balles.*

L V I.

LES Majors de brigade commanderont au moins tous les deux jours un Maréchal-des-logis & quelques Cavaliers par régiment pour visiter la tête & la queue du camp, enterrer les immondices qui s'y trouveront, faire *Visite du camp.*

B ij

transporter au loin les chevaux morts, & les faire enterrer à quatre pieds de profondeur au moins.

DE LA GARDE DE L'ETENDARD.

LVII.

Sa composition.   LA garde des étendards de chaque régiment, sera composée de trois Cavaliers par compagnie, commandés par un Brigadier.

LVIII.

Cavaliers bottés pendant le jour.   LES Cavaliers seront bottés pendant le jour, & en souliers pendant la nuit ; à l'égard du Brigadier, il sera en souliers jour & nuit.

LIX.

Place de la garde.   CETTE garde se tiendra à côté des timbales & des étendards, qui seront posés six pas en avant du premier piquet des chevaux de la première compagnie du régiment, à leur droite ou à leur gauche selon que le régiment campera par sa droite ou par sa gauche.

LX.

Sa durée.   ELLE sera relevée tous les matins au point du jour.

LXI.

Manière de la relever.   LA nouvelle garde s'assemblera devant le camp au centre du régiment, où elle sera visitée par un Officier major, & par le Brigadier qui relèvera, pour s'assurer que les armes soient en état & chargées, & les Cavaliers bien tenus.

LXII.

LE Brigadier portant son mousqueton de la main gauche, se fera suivre par les Cavaliers deux à deux, ayant leurs mousquetons sur le bras gauche, & les conduira jusqu'à l'ancienne garde, que le Brigadier qui descendra aura fait mettre en haie à son poste.

LXIII.

QUAND le Brigadier approchera de l'ancienne garde, il fera filer les Cavaliers derrière lui un à un, jusqu'à ce qu'étant arrivé à la hauteur du Brigadier de cette garde, il s'arrêtera & se formera vis-à-vis d'elle en faisant à droite.

LXIV.

LE Brigadier de la nouvelle garde ayant pris la consigne & relevé les sentinelles, l'ancienne garde se retirera dans le même ordre que la nouvelle sera venue jusqu'au centre du front du camp du régiment, d'où le Brigadier qui la commande la renverra.

LXV.

LE Brigadier de la nouvelle garde fera développer ensuite les étendards, excepté dans les temps de grosse pluie, pendant lesquels ils resteront ployés auprès des timbales.

Étendards divisés.

LXVI.

ON ne déployera pas non plus les étendards les jours de fourrage; & la nouvelle garde remplacera les sentinelles de nuit de l'ancienne garde, & ne les retirera point qu'on ne soit revenu du fourrage.

LXVII.

LES étendards étant déployés, le Brigadier les remettra aux Cavaliers des compagnies à la tête desquelles ils devront être portés, qui seront les premiers à entrer en faction.

LXVIII.

COMME il y a deux étendards par escadron, les six Cavaliers des deux compagnies de la droite seront destinés à en garder un, & ceux des compagnies de la gauche, l'autre, lorfqu'ils feront difperfés.

L X I X.

Les Cavaliers qui porteront les étendards, feront gantés: ils les tiendront de la main gauche, pofés fur l'épaule, & ils feront accompagnés chacun de droite & de gauche par les cinq autres Cavaliers des deux compagnies auxquelles chaque étendard eft affecté.

L X X.

Le Brigadier ayant ainfi rangé les Cavaliers de fa garde, il les fera marcher le long du front du camp; obfervant que ceux des compagnies les plus éloignées marchent les premiers.

L X X I.

A mefure que chaque étendard arrivera vis-à-vis de la compagnie devant laquelle il devra être pofé, le Cavalier qui le portera le pointera dans terre vis-à-vis, & fix pas en avant du premier piquet des chevaux de cette compagnie, & il y reftera en faction le fabre nud à la main, fe promenant auprès de l'étendard: les cinq autres Cavaliers qui l'auront accompagné, poferont leurs armes fur un chevalet long de quatre pieds & de la même hauteur, qui fera dreffé à cet effet fur la même ligne que l'étendard; & ils feront renvoyés enfuite à leurs tentes par le Brigadier.

L X X I I.

Les mêmes chofes ayant été obfervées pour tous les étendards du régiment, le Brigadier retournera au premier étendard, & avertira en paffant les fentinelles aux étendards, d'appeler lorfque la garde devra prendre les armes.

LXXIII.

LA garde des étendards prendra les armes pour le Com- *Visites de jour.*
mandant du camp, pour celui de la Cavalerie, pour les
Officiers généraux de jour, & pour les Inspecteurs, &
lorsqu'il passera une troupe devant le front du camp du
régiment.

LXXIV.

ALORS les Cavaliers factionnaires à chaque étendard,
se plaçant derrière cet étendard, en empoigneront la
lance de la main gauche à la hauteur de la poitrine,
tenant leur sabre nud de l'autre main, la garde appuyée
sur la cuisse, la lame croisant l'étendard, portant sur le
pouce de la main gauche qu'elle débordera par la pointe
d'environ un demi-pied, les deux talons vis-à-vis l'un de
l'autre sur la même ligne, à un demi-pied de distance
l'un de l'autre, la pointe de la botte du pied gauche tou-
chant la lance de l'étendard, le genou gauche un peu
plié, la jambe droite tendue, l'épaule droite effacée, & le
regard assuré.

Les autres Cavaliers se mettront en haie à droite &
à gauche de celui qui tiendra l'étendard de leur compagnie, ayant le mousqueton sur le bras gauche.

Quant au Brigadier, il se tiendra à la droite de la garde
du premier étendard, étant reposé sur le mousqueton qu'il
tiendra de la main gauche par le bout du canon, la crosse
à terre, la platine tournée en dehors, & le bras tendu:
il ôtera le chapeau de la droite pour saluer ceux pour
qui il aura pris les armes.

LXXV.

POUR les Brigadiers & autres Officiers de marque qui
passeront le long de la ligne, les Cavaliers factionnaires

aux étendards les tiendront dans la position ci-dessus désignée, sans appeler les autres Cavaliers de garde.

LXXVI.

Rassembler les étendards. LE soir, à l'heure du guet, le Brigadier appellera la garde de l'étendard ; pour lors les Cavaliers ayant quitté leurs bottes pour prendre des souliers, & ayant leurs manteaux renversés sur les épaules, se mettront en haie avec leurs armes à droite & à gauche de l'étendard qu'ils auront gardé pendant le jour; & le Brigadier les ramènera avec les étendards, commençant par les plus éloignés, dans le même ordre qu'il les aura posés le matin.

LXXVII.

LES étendards étant rassemblés autour des timbales, le sentinelle qui les gardera sera armé d'un mousqueton, de même que tous ceux qui seront posés pendant la nuit.

LXXVIII.

Garde de nuit. A l'entrée de la nuit, outre le sentinelle qui restera aux étendards, le Brigadier en posera deux à chaque escadron, un à la tête & l'autre à la queue du centre de l'escadron: ces sentinelles se promèneront le long du front & de la queue de l'escadron, pour voir s'il ne se détachera pas des chevaux, & veiller aux accidens qui peuvent arriver.

LXXIX.

IL détachera de sa garde quatre Cavaliers pour la garde de nuit du Mestre-de-camp qui aura un sentinelle à sa tente pendant le jour.

LXXX.

EN l'absence du Mestre-de-camp, le Lieutenant-colonel aura jour & nuit à sa tente un sentinelle tiré de cette même garde.

LXXXI.

LXXXI.

LE Commandant du régiment par accident, en aura un la nuit seulement.

LXXXII.

LE Major ou l'Officier chargé du détail du régiment, aura un sentinelle jour & nuit.

LXXXIII.

LE Brigadier, après avoir posé tous ces sentinelles, fera allumer le feu de sa garde, & l'entretiendra pendant la nuit.

LXXXIV.

IL partagera les factions des sentinelles, tant de jour que de nuit, de manière qu'elles soient également reparties à toute la garde.

LXXXV.

SI le Commandant du camp, celui de la Cavalerie, un Officier général de jour ou Inspecteur, le Brigadier, Mestre-de-camp & Lieutenant-colonel de piquet, ou le Maréchal-des-logis de la Cavalerie, viennent à passer le long de la ligne pendant la nuit, le sentinelle en faction aux étendards, avertira le Brigadier, qui fera prendre les armes sans bruit à sa garde, & s'avancera tenant son mousqueton d'une main & le chapeau de l'autre, pour recevoir les ordres que ces Officiers pourront lui donner.

Visites de nuit.

LXXXVI.

LORSQU'IL y aura aux étendards un ou plusieurs prisonniers, si ces prisonniers sont accusés de crime, ils feront attachés à un piquet, & la garde restera rassemblée jour & nuit, ce qui n'empêchera pas néanmoins qu'on ne place les étendards à la tête de leurs compagnies; mais il ne restera auprès de ces étendards que les sentinelles pour

Prisonniers aux étendards.

les garder; & indépendamment du sentinelle qui sera au premier étendard, on mettra un second Cavalier en faction avec un mousqueton pour garder les criminels, lequel en sera responsable, ainsi que le Brigadier : il sera même commandé un détachement particulier pour garder les criminels, si le nombre en est trop grand, pour que la garde de l'étendard y puisse suffire.

LXXXVII.

QUAND les prisonniers ne seront détenus que par correction, la garde se divisera à l'ordinaire; cependant si quelqu'un de ces prisonniers faisoit la tentative de s'échapper, on l'attachera à un piquet comme un criminel.

LXXXVIII.

Jours de marche. LES jours de marche on relèvera également la garde de l'étendard à la pointe du jour. L'Officier qui sera nommé pour commander l'avant-garde, fera monter sa troupe à cheval quand on sonnera l'assemblée, & il fera prendre les timbales & les étendards, qu'il distribuera chacun à leur compagnie quand le régiment sera en bataille.

LXXXIX.

LES étendards ayant été ainsi remis, les Cavaliers de garde rentreront chacun dans leurs compagnies, pourvû qu'il n'y ait pas de prisonniers aux étendards; parce qu'en ce cas, ils devroient les conduire à la tête du régiment, jusqu'au nouveau camp.

DU PIQUET.
XC.

Sa composition. LE piquet de chaque régiment consistera en une troupe de cinquante Maîtres, y compris deux Brigadiers, un Trompette & un Maréchal, commandés par un Capitaine, un Lieutenant, un Cornette & un Maréchal-des-logis : cette troupe fera compofée comme les chambrées, d'anciens & de nouveaux Cavaliers.

X C I.

IL fera nommé tous les jours à l'ordre un Brigadier, un Meftre-de-camp, un Lieutenant-colonel, & un Major de piquet, qui feront aux ordres des Officiers généraux de jour, & du Commandant de la Cavalerie. *Officiers fupérieurs du piquet.*

X C I I.

LE piquet fe formera, comme il a été dit, à l'arrivée du régiment au camp, & il fera relevé tous les jours. *Durée du piquet.*

X C I I I.

LE nouveau piquet s'affemblera au jour, à la tête de fon régiment, où le Major fera l'infpection des hommes, des armes & des chevaux, avant de faire celle des gardes. *Infpection.*

X C I V.

CETTE infpection étant faite, les piquets monteront à cheval, & refteront en bataille, chacun à la tête du camp de fon régiment, jufqu'à ce que les gardes ordinaires foient parties du rendez-vous, où on les affemblera pour aller relever les anciennes gardes; & alors on fera rentrer les piquets dans le camp. *Piquet à la tête du camp.*

X C V.

LES jours de fourrage, le nouveau piquet montera à cheval au boute-felle, fans attendre d'autres ordres : il fe tiendra à la tête du camp de fon régiment, d'où il enverra des vedettes à la queue & aux flancs du camp, afin d'empêcher les Cavaliers & Valets d'en fortir que le rendez-vous ne foit donné, & que les fourrageurs n'aient *Jours de fourrage.*

reçû l'ordre de partir avec les efcortes commandées; & le piquet ne rentrera dans le camp que lorfque tous les fourrageurs y feront revenus.

XCVI.

Jours de marche.

LES jours de décampement, le piquet montera de même à cheval au boute-felle, & mettra pareillement des vedettes à la queue & aux flancs du camp, pour que perfonne ni aucuns équipages n'en fortent, jufqu'à ce que l'ordre du départ ayant été donné, chaque piquet rentrera dans fon régiment.

XCVII.

Préfence des Officiers fupérieurs à la tête des piquets.

LE Meftre-de-camp & le Lieutenant-colonel entrant de piquet, refteront à cheval à la tête des piquets pendant tout le temps qu'ils feront à la tête du camp.

XCVIII.

Leur préfence aux gardes montantes.

LES Brigadier, Meftre-de-camp & Lieutenant-colonel fortant de piquet, fe trouveront aux gardes montantes, pour rendre compte à l'Officier général de jour de ce qui fe fera paffé pendant la nuit; & ils iront enfuite en rendre compte au Commandant de la Cavalerie.

Le Brigadier entrant de piquet, fe trouvera auffi aux gardes montantes, pour recevoir les ordres de l'Officier général de jour.

XCIX.

Piquets dans le camp.

LES piquets étant rentrés dans le camp, feront toûjours prêts à marcher : pour cet effet, les Officiers & Cavaliers ne pourront s'éloigner du camp ni fe deshabiller, & ils refteront bottés jour & nuit, & leurs chevaux fellés : les Cavaliers auront foin qu'il y ait des licols à la tête de leurs chevaux, dont ils auront la bride fous la main.

C.

LES trois Officiers & le Maréchal-des-logis de chaque piquet, s'arrangeront enſemble de façon qu'un d'eux ſoit continuellement jour & nuit à la garde de l'étendard, ayant ſon cheval tout prêt pour faire monter le piquet à cheval en cas de beſoin, & viſitant de temps en temps le piquet, tant de jour que de nuit, pour voir s'il ſera en état. *Un Officier de piquet à la garde de l'étendard.*

C I.

SI l'on fait marcher le piquet, dès qu'il ſera ſorti du camp on en commandera un ſecond, & même un troiſième ſi le ſecond marchoit. *Marche & remplacement des piquets.*

C I I.

QUAND le piquet rentrera dans le camp, après avoir paſſé les gardes ordinaires, ſon ſervice ſera fait, & celui qui l'aura remplacé reſtera en fonction. *Leur rentrée après avoir paſſé les gardes ordinaires.*

C I I I.

ON tirera du piquet tous les Cavaliers qui feront commandés pour aller en détachement, & on remplacera auſſi-tôt ceux qui en auront été tirés. *Détachemens tirés du piquet.*

C I V.

LES Officiers & Maréchaux-des-logis de piquet, ne ſortiront du camp que quand les piquets ſeront commandés ſous ce nom; & lorſque ces piquets deviendront détachemens, on commandera pour aller avec eux, les Officiers & Maréchaux-des-logis qui ſeront les premiers à marcher.

C V.

LES piquets ſortiront à la tête du camp pendant le jour, quand ils ſeront demandés par le Commandant du camp, celui de la Cavalerie, les Officiers généraux de *Piquets demandés.*

jour, le Brigadier, le Meſtre-de-camp & le Lieutenant-Colonel de piquet, & par le Maréchal-des-logis de la Cavalerie.

C V I.

L'INSPECTEUR de la Cavalerie pourra auſſi voir les piquets des régimens l'un après l'autre.

C V I I.

QUAND on appellera le piquet à la tête du camp pendant le jour, les Cavaliers ſortiront bottés avec leurs bandoulières & leurs ſabres, mais ſans mouſquetons : ils ſe mettront en haie entre les deux étendards de leur eſcadron, ſur le même alignement de la garde de l'étendard.

Les Officiers ſe trouveront à pied diſperſés en avant des Cavaliers de piquet, de manière qu'il y en ait à chaque eſcadron ; & ils ſalueront ſeuls.

C V I I I.

Viſite du piquet pendant la nuit. L'OFFICIER de piquet qui reſtera au feu de la garde de l'étendard pendant la nuit, chargera le ſentinelle de l'avertir en cas que les Officiers qui ont autorité ſur le piquet, viennent à paſſer : alors il ira à eux ; & s'ils veulent le viſiter, il les mènera dans les rues des compagnies.

C I X.

LORSQUE les Officiers qui ont droit de viſiter le piquet, arriveront à la ligne, ils répondront au *qui vive,* & indiqueront leur grade afin d'être reconnus.

C X.

LE Brigadier, le Meſtre-de-camp & le Lieutenant-colonel de piquet feront chacun une ronde pendant la nuit, dont l'heure ſera réglée par le Brigadier : non ſeulement ils parcourront la tête du camp, mais ils paſſeront aussi entre les deux lignes, afin d'examiner s'il ne s'y commettra pas de desordre.

C X I.

SI les piquets sont la nuit hors du camp, ils les visiteront pour s'assurer que les Officiers soient présens, & les Cavaliers en état : pour cet effet, quand ils demanderont à voir le piquet d'un régiment, la vedette criera d'environ quinze pas, *qui vive;* il sera répondu *France,* & elle demandera *quel régiment.* Quand on aura répondu, *Brigadier, Mestre-de-camp* ou *Lieutenant-colonel de piquet,* la vedette les arrêtera en criant *halte là :* alors un Brigadier & deux Cavaliers de piquet s'avanceront jusqu'à la vedette, le Brigadier le sabre à la main, & les Cavaliers le mousqueton haut, le Brigadier criera *avance qui a l'ordre,* afin de recevoir le mot de l'Officier supérieur de piquet : ayant reçû le mot & reconnu celui qui le lui aura donné, il retournera au trot en rendre compte au Capitaine de piquet, dont la troupe sera à cheval l'épée à la main; le Capitaine s'avancera ensuite à six pas de la vedette, escorté de deux Cavaliers le mousqueton haut, & dira *avance à l'ordre;* l'Officier supérieur s'avancera & recevra le mot du Capitaine, qui lui fera voir ensuite son piquet, dont les Officiers seront chacun à leur place.

C X I I.

LES fonctions du Major de piquet seront de faire une ronde pendant la nuit à l'heure qui lui paroîtra la plus convenable, escorté d'un Brigadier & de deux Cavaliers de piquet ayant leurs mousquetons; de visiter les gardes des étendards de la ligne, pour voir si les Brigadiers & les Cavaliers font leur devoir; de faire une fois le jour la visite des piquets de la ligne, pour voir s'il y aura un

Major de piquet.

Officier de piquet de chaque régiment à la tête du camp, & si les sentinelles seront alertes.

D'examiner si le feu des cuisines sera éteint, si l'on ne donnera point à boire chez les Vivandiers, & s'il ne se passera aucun desordre.

Il rendra compte chaque jour au Major de sa brigade de ce qui se sera passé à sa ronde, afin que celui-ci en instruise le Maréchal-des-logis de la Cavalerie.

DES BRIGADES.

CXIII.

LES régimens seront mis en brigade à leur arrivée au camp.

CXIV.

Arrangement des régimens & escadrons.

LE régiment chef de brigade en prendra la droite, soit pour se mettre en bataille, pour marcher ou pour camper : le second se placera à la gauche ; & quand il y en aura un plus grand nombre, ils se placeront de même alternativement, de manière que le dernier régiment se trouve au centre de la brigade.

Cet ordre sera renversé dans la brigade qui fermera la gauche de la ligne.

CXV.

LES escadrons d'un même régiment observeront entre eux le même ordre que tiendront les régimens dans la formation de la brigade.

CXVI.

Majors des brigades.

CELUI des Majors des régimens d'une même brigade, qui sera le plus ancien de commission de Capitaine, sera Major de cette brigade.

CXVII.

C X V I I.

S'IL n'y avoit dans une brigade aucun Major en état de faire le service de Major de brigade, il y seroit suppléé par l'Aide-major du régiment de la brigade qui se trouvera le plus ancien de commission de Capitaine.

DE L'ORDRE.

C X V I I I.

LES Majors de brigade iront tous les jours à l'ordre chez le Maréchal-des-logis de la Cavalerie, à l'heure qu'il leur aura indiquée, pour y écrire l'ordre qu'il leur dictera, ainsi que les détails qui concerneront leurs brigades. *Donné chez le Maréchal-des-logis de la Cavalerie.*

C X I X.

ILS ne s'exempteront d'aller à l'ordre sous aucun prétexte; & lorsque pour des raisons légitimes quelqu'un d'eux ne pourra s'y trouver, il fera avertir le Major de la brigade le plus ancien après lui, qui s'y rendra à sa place.

C X X.

LE Major de brigade portera l'ordre & le mot au Brigadier de sa brigade, lorsque ledit Brigadier sera au camp, & il recevra ses ordres sur ce qu'il aura à y ajoûter avant de le distribuer aux autres Majors de sa brigade. *Porté au Brigadier.*

C X X I.

LES Majors, & à leur défaut, les Aide-majors des régimens, iront à l'ordre chez le Major de leur brigade, qui le leur dictera avec le détail concernant le service de leur régiment, & ce que le Brigadier aura jugé à propos d'y ajoûter. *Distribué par les Majors de brigade.*

C X X I I.

LES Majors des régimens ayant pris l'ordre du Major *Porté aux*

D

Meſtre-de-camps. de leur brigade, iront porter le mot à leur Meſtre-de-camp lorſqu'il ſera au camp, lui feront la lecture de l'ordre, & recevront ceux qu'il aura à donner; après quoi ils iront donner l'ordre à leurs régimens.

C X X I I I.

Aux Lieutenant-colonels. EN l'abſence du Meſtre-de-camp, le Major donnera le mot au Lieutenant-colonel, à qui il ſera porté par l'Aide-major quand le Meſtre-de-camp ſera préſent; & lorſque le Meſtre-de-camp & le Lieutenant-colonel ne ſeront point au régiment, le Major portera l'ordre également à l'Officier qui le commandera à leur défaut.

C X X I V.

Envoi de l'ordre. AUCUN Officier major n'enverra l'ordre d'un régiment à l'autre, autrement que par écrit, & par un Officier ou un Maréchal-des-logis.

C X X V.

Cercle. LORSQUE le Major d'un régiment voudra diſtribuer l'ordre, le Timbalier battra un appel auquel les Maréchaux-des-logis des compagnies s'aſſembleront à la tente du Major.

C X X V I.

IL ne ſera permis d'y entrer qu'au Brigadier de la brigade, au Meſtre-de-camp, au Lieutenant-colonel ou autre Officier commandant le régiment, ou autres Officiers majors.

C X X V I I.

LE Brigadier commandant la garde aux étendards, en prendra auſſi-tôt deux Cavaliers qu'il conduira à cette tente; & en les mettant en faction, l'un devant, l'autre derrière la tente, il leur donnera pour conſigne de n'en laiſſer approcher perſonne que les Officiers ci-deſſus.

C X X V I I I.

LE Major fera écrire aux Maréchaux-des-logis ce qu'ils auront à exécuter: il en fera faire ensuite la lecture, vérifiera leur livre d'ordre pour s'assurer qu'ils l'aient écrit exactement, & le leur fera expliquer par un Officier major.

C X X I X.

ON nommera à l'ordre les Officiers commandés pour tous les différens genres de service du camp, & le Brigadier qui devra commander la garde des étendards.

C X X X.

LE Major fera mention aussi chaque jour dans l'ordre, des Officiers qui feront les premiers à marcher pour chaque espèce de service.

C X X X I.

CHAQUE Maréchal-des-logis portera l'ordre aux Officiers de sa compagnie; & lorsqu'il fera cette fonction, il aura le chapeau bas, ainsi que l'Officier, dans l'instant où le Maréchal-des-logis lui donnera le mot à l'oreille. *Rendu aux Officiers des compagnies.*

C X X X I I.

LE Maréchal-des-logis ira ensuite dans chaque tente de la compagnie, expliquer aux Cavaliers les défenses & ce qui aura été ordonné, & avertir ceux qui devront marcher. *Aux Cavaliers.*

C X X X I I I.

LE Major de brigade donnera l'ordre cacheté au Maréchal-des-logis de chaque garde ordinaire de sa brigade, que le Commandant de ladite garde aura eu soin de lui envoyer à cet effet. *Aux gardes ordinaires.*

D ij

DU GUET ET DE L'APPEL,
& autres règles du camp.

CXXXIV.

École des Trompettes.   UNE heure avant que le soleil se couche, tous les Trompettes se trouveront à la tête du camp de leur régiment, pour tenir entre eux l'école jusqu'au soleil couchant.

CXXXV.

Signal pour sonner le guet.   AU signal de la retraite, les Trompettes sonneront le guet, commençant à l'aîle droite & à l'aîle gauche par les régimens qui joindront l'Infanterie.

CXXXVI.

Rassembler les étendards, & poser les sentinelles de nuit.   LE guet étant sonné, les étendards seront rapportés à la tête de la première compagnie de chaque régiment ; & le Brigadier de cette garde posera les sentinelles de nuit.

CXXXVII.

Éteindre les feux.   ON éteindra les feux des cuisines : les Vivandiers cesseront de donner à boire, & les Cavaliers seront rentrés dans leurs tentes une heure après la retraite.

CXXXVIII.

Appels.   LES Maréchaux-des-logis, & en leur absence les Brigadiers, feront régulièrement des appels des Cavaliers de leurs compagnies, une heure après le guet sonné & au point du jour, & plus souvent s'il est nécessaire.

CXXXIX.

ILS feront ensuite leurs billets d'appel, sur lesquels ils marqueront s'il manque quelqu'un ou non, & le nombre des Cavaliers qui seroient morts au camp, ou qui auroient été envoyés à l'hôpital d'un appel à l'autre.

Ils dateront & signeront ces billets, & ils les porteront

au Brigadier de la garde de l'étendard, qui les remettra au Major de son régiment; & ils en rendront compte au Commandant.

C X L.

Les appels se feront tente par tente, en appelant les Cavaliers par leur nom, & les obligeant de répondre chacun pour soi.

Les Maréchaux-des-logis ou Brigadiers qui y manqueront par négligence, ou qui ne marqueront pas sur leurs billets les Cavaliers qui ne se seront pas trouvés à leur appel, seront punis sévèrement.

C X L I.

Les Lieutenans des compagnies en feront l'appel après le guet, indépendamment de celui des Maréchaux-des-logis; & ils marqueront les Cavaliers qui auront manqué, sur les billets qu'ils signeront, & qu'ils remettront au Commandant du régiment.

C X L I I.

Les Majors des régimens formeront sur les billets l'appel des Maréchaux-des-logis ou Brigadiers, des billets datés & signés d'eux, qu'ils enverront tous les matins au Major de leur brigade.

Ils marqueront sur ces billets les noms des Cavaliers qui auront manqué à l'appel, avec ceux de leurs compagnies, & l'heure à laquelle on se sera aperçû de leur absence.

Quand il n'auroit manqué personne, ils n'en feront pas moins mention sur leurs billets.

Ils y marqueront aussi le nombre des Cavaliers entrés à l'hôpital ou morts au camp.

CXLIII.

CHAQUE Major de brigade formera de même sur les billets des Majors des régimens de sa brigade, un billet détaillé des Cavaliers qui y auront manqué, qu'il remettra, après l'avoir daté & signé, au Maréchal-des-logis qui devra aller à l'ordre, pour le porter au Maréchal-des-logis de la Cavalerie.

CXLIV.

LE Maréchal-des-logis de la Cavalerie formera du tout un état général, qu'il remettra au Commandant du camp & à celui de la Cavalerie, à l'heure de l'ordre.

CXLV.

Visite des Lieutenans. LES Lieutenans des compagnies feront tous les matins la visite des tentes, afin de voir si les Cavaliers sont propres, si leurs équipages & leurs armes sont en bon état, & s'ils feront ordinaire.

CXLVI.

ILS visiteront aussi deux fois le jour les chevaux de leur compagnie, pour s'assurer qu'ils soient bien entretenus, & les verront aller à l'abreuvoir.

DE L'ORDRE A OBSERVER
pour commander les gardes & détachemens.

CXLVII.

Détachemens par brigade. LES détachemens pour toute sorte de service, feront commandés par brigade, chacune devant fournir à son tour, en commençant par la première, à proportion du nombre d'escadrons dont elles feront composées.

CXLVIII.

Contrôles du LE Maréchal-des-logis de la Cavalerie tiendra un

ontrôle des brigades, suivant leur rang, sur lequel seront *Maréchal-des-*
marqués tous les détachemens commandés. *logis de la Cavalerie.*

Il tiendra pareillement des contrôles des Brigadiers employés, des Mestre-de-camps & des Lieutenant-colonels, pour les commander chacun à leur tour.

CXLIX.

LES Brigadiers employés, & les Mestre-de-camps & Lieutenant-colonels, soit en pied, réformés ou par commission, seront commandés par rang d'ancienneté. *Brigadiers, Mestre-de-camps, & Lieutenant-colonels.*

CL.

LES Mestre-de-camps & Lieutenant-colonels par commission, qui auront d'autres emplois dans la Cavalerie, feront un double service; mais ils feront toûjours celui de leurs emplois, par préférence à celui de Mestre-de-camp & de Lieutenant-colonel.

CLI.

LES Majors de brigade tiendront un contrôle des régimens de leur brigade, où ils marqueront les Officiers, Maréchaux-des-logis & Cavaliers qui feront commandés par proportion du nombre de leurs escadrons, & par rang de régiment, en commençant par le régiment chef de brigade. *Contrôles des Majors de brigade.*

CLII.

CHAQUE Major de régiment tiendra aussi un contrôle dudit régiment, compagnie par compagnie, sur lequel il marquera le nombre d'Officiers, de Maréchaux-des-logis, de Brigadiers & de Cavaliers qui feront commandés. *Contrôles des Majors des régimens.*

CLIII.

CES contrôles commenceront du jour de l'arrivée au camp, & seront continués jusqu'à celui de sa séparation.

CLIV.

Tours de garde. Il y aura quatre sortes de tours de garde.

Le premier, pour les gardes d'honneur, lorsqu'il y aura occasion d'en donner.

Le second, pour les gardes ordinaires.

Le troisième, pour les détachemens.

Et le quatrième, pour le piquet.

CLV.

Les régimens fourniront de plus, chacun à leur tour, une garde de Capitaine pour le quartier général.

CLVI.

Il y aura un tour particulier pour les Brigadiers & Cavaliers qui seront commandés pour la garde des étendards, ainsi que pour tout autre service à pied, pour lequel les Cavaliers ne seront commandés qu'avec un Brigadier, ou tout au plus un Maréchal-des-logis.

CLVII.

Les trois premiers tours de garde seront commandés par la tête, & celui du piquet par la queue.

CLVIII.

On suivra exactement le rang des Capitaines, & on fera marcher les Lieutenans & Cornettes suivant celui des compagnies auxquelles ils sont attachés; ce qui n'empêchera pas que ceux du même régiment ne commandent, entre eux suivant leur ancienneté.

CLIX.

Les Maréchaux-des-logis, Brigadiers & Cavaliers seront pareillement commandés par rang des compagnies.

CLX.

Concours des différens tours de garde. L'Officier qui se trouvera en même temps le premier à marcher pour différens services, sera commandé par préférence

référence pour le premier de ces services, dans l'ordre qui est désigné ci-dessus.

CLXI.

Celui dont le tour viendra de marcher à une garde d'honneur pendant qu'il sera de garde ordinaire ou de détachement, y demeurera : s'il est de piquet, il le quittera ; & à l'instant qu'il sera commandé, on le remplacera par celui des Officiers du même grade qui le suivra dans le tour du piquet.

CLXII.

Celui dont le tour viendra de marcher à une garde ordinaire pendant qu'il sera employé à une garde d'honneur ou en détachement, continuera son service actuel : s'il est de piquet, il en sera usé comme il est expliqué à l'article précédent.

CLXIII.

Celui dont le tour pour être de piquet arrivera pendant qu'il sera à une garde d'honneur, à une garde ordinaire ou en détachement, continuera son service.

CLXIV.

Tout Officier qui étant le premier à marcher pour une garde d'honneur, une garde ordinaire, un détachement ou le piquet, ne se trouvera pas au camp quand on le commandera, ou ne pourra faire ce service pour quelque cause que ce soit, sera remplacé par celui qui le suivra.

Quand le tour sera passé.

CLXV.

En ce cas, son tour sera passé pour les gardes d'honneur & les détachemens, dont il ne pourra venir prendre le commandement si-tôt qu'ils seront en marche & au-delà des gardes ordinaires : mais à l'égard de la garde ordinaire & du piquet, le tour n'en paſſera jamais, ſoit que l'Officier ſoit malade, abſent ou de ſervice ailleurs, devant toûjours le reprendre après ſa guériſon ou ſon retour au camp.

C L X V I.

Quand le ſervice ſera cenſé fait. LES détachemens ne ſeront cenſés faits que lorſqu'ils auront paſſé les gardes ordinaires, & l'on ne tiendra point compte de ceux qui auront été renvoyés du lieu du rendez-vous.

C L X V I I.

Commandant par accident. LE Commandant d'un régiment, par accident, devra être commandé à ſon tour, de garde & de détachement; il ſera ſeulement exempt de piquet pendant le temps qu'il commandera.

C L X V I I I.

Officiers majors. LES Majors de brigade ne marcheront qu'avec leur brigade ou leur régiment.

C L X I X.

IL ſera commandé un Major ou un Aide-major pour accompagner un Brigadier commandé en détachement ou de piquet, lequel ſera pris dans la même brigade où le Brigadier ſera employé, & par préférence dans ſon régiment, s'il en eſt Meſtre-de-camp.

C L X X.

LES Majors des régimens marcheront avec leurs Meſtre-de-camps, à moins qu'ils ne ſoient Majors de brigade, auquel cas un Aide-major accompagnera le Meſtre-de-camp à la place du Major.

C L X X I.

LES Aide-majors marcheront avec les Meſtre-de-camps réformés ou par commiſſion qui ſeront attachés à leurs égimens, & avec les Lieutenant-colonels en pied ou par ommiffion, quand ils feront détachés dans ce grade. Ces Officiers prendront avec eux un Lieutenant, lorfqu'il ne eftera qu'un Officier major au régiment.

CLXXII.

TOUTE troupe commandée pour une garde ou pour un détachement, fera compofée ; favoir,

Compofition des gardes & détachemens.

Celle de Capitaine, d'un Lieutenant, un Cornette, un Maréchal-des-logis & cinquante Maîtres, compris deux Brigadiers, un Trompette & un Maréchal.

Celle de Lieutenant, d'un Cornette, un Maréchal-des-logis & trente Maîtres, compris deux Brigadiers & un Trompette.

Celle de Cornette, d'un Maréchal-des-logis, un Brigadier & vingt Maîtres.

Et celle de Maréchal-des-logis, de douze Cavaliers, compris un Brigadier.

CLXXIII.

LE Commandant du camp pourra cependant, dans certains cas, faire doubler, s'il le juge à propos, les Lieutenans & les Cornettes dans une même troupe commandée par un Capitaine.

CLXXIV.

LORSQU'UN détachement fera compofé de plus de deux troupes de cinquante Maîtres chacune, il fera nommé un Lieutenant-colonel pour les commander.

CLXXV.

LES Officiers, Maréchaux-des-logis, Brigadiers & Cavaliers, dont chaque troupe détachée devra être compofée, feront toûjours tirés du même régiment que celui qui devra les commander.

E ij

CLXXVI.

LES Maréchaux-des-logis des compagnies auront attention que les gardes & détachemens foient toûjours composés d'anciens & de nouveaux Cavaliers.

CLXXVII.

Carabiniers. LORSQUE le Commandant du camp voudra faire marcher les Carabiniers, ils feront toûjours commandés par le plus ancien Capitaine, le plus ancien Lieutenant & le plus ancien Maréchal-des-logis de chaque régiment.

DE LA GARDE ORDINAIRE.

CLXXVIII.

Son assemblée. LES gardes ordinaires s'assembleront tous les matins à la pointe du jour, chacune à la tête du centre du régiment qui devra la fournir.

CLXXIX.

LE Major ou l'Aide-major de chaque régiment, après avoir fait l'inspection des Cavaliers & des chevaux de fa garde, la mènera au centre de la brigade, pour la remettre au Major de brigade.

CLXXX.

LE Major de brigade fera l'inspection des gardes de fa brigade en préfence des Officiers majors de chaque régiment ; & il les conduira ensuite au rendez-vous général des gardes, pour les remettre au Maréchal-des-logis de la Cavalerie.

CLXXXI.

CET Officier mettra les gardes en bataille felon le rang des brigades dont elles feront tirées, & les visitera.

CLXXXII.

IL fera défiler les gardes quand il en aura reçû l'ordre des Officiers généraux de jour, ou du Commandant de la Cavalerie; & en leur abfence il les fera marcher fans autre ordre: pour cet effet, il fe mettra à leur droite, & lorfqu'il aura dit à l'Officier commandant la troupe qu'il peut marcher, celui-ci en donnera l'ordre à fa troupe, en difant: *Prenez garde à vous: Marche.* *Départ des gardes.*

CLXXXIII.

IL fe trouvera à l'affemblée des gardes un Cavalier de chacune des gardes qui devront être relevées, pour les conduire à leurs poftes: ces Cavaliers fe mettront chacun en face de la garde qu'il aura à conduire, à la diftance qui lui fera prefcrite, & prendra la tête de cette garde quand elle défilera.

CLXXXIV.

LES gardes falueront en défilant le Commandant du camp, les Officiers généraux de jour, & le Commandant de la Cavalerie; mais s'ils s'y trouvent enfemble, ils ne falueront que le plus élevé en grade. *Salut en défilant.*

CLXXXV.

L'INSPECTEUR de la Cavalerie pourra faire l'infpection des gardes.

CLXXXVI.

LES gardes défileront le fabre à la main & trompettes fonnantes: les Officiers qui les commanderont pourront faire remettre les fabres quand elles feront hors de l'alignement des gardes du camp de l'Infanterie; mais ils devront les faire tirer de nouveau lorfque les gardes arriveront à la vûe d'une vieille garde.

CLXXXVII.

SI une garde rencontre, chemin faifant, une troupe armée, ou un Officier général, à qui les honneurs foient dûs, le Commandant de cette garde fera tirer le fabre & fonner la trompette, & faluera en marchant fans s'arrêter.

CLXXXVIII.

Avant-garde. LES Officiers détachés avec les gardes ordinaires qui doivent être poftées fur les avenues du camp, obferveront au fortir du camp, d'avoir une avant-garde commandée par un Officier, lequel fera porter les moufquetons hauts aux Cavaliers de cette avant-garde, & marchera à une diftance convenable de la troupe dont il aura été détaché.

CLXXXIX.

Arrivée au pofte. QUAND la nouvelle garde arrivera à fon pofte, fon avant-garde, fi elle en a une, rentrera dans les rangs, & la troupe aura le fabre à la main, ainfi que l'ancienne garde qu'elle devra relever, dont elle prendra la gauche.

CXC.

Donner la configne. LE Capitaine qui defcend la garde, donnera la configne à celui qui le relève.

CXCI.

Relever le petit corps-de-garde. CELUI-CI fera fortir de fa garde un Officier l'épée à la main, & quatre ou fix Cavaliers le moufqueton haut, pour aller relever le petit corps-de-garde avancé.

CXCII.

Relever les vedettes. LES Brigadiers des deux gardes iront enfemble relever les vedettes.

CXCIII.

Reconnoître le pofte. PENDANT qu'on relèvera les vedettes, les deux Capitaines vifiteront enfemble les flancs & les avenues du

poſte; & celui qui relève prendra de l'autre les éclairciſ-
ſemens néceſſaires ſur tout ce qui peut contribuer à ſa
ſûreté.

C X C I V.

Les deux Lieutenans iront enſuite reconnoître le poſte
de nuit, ainſi que les chemins & les endroits où les patrouilles devront ſe porter pendant la nuit; & celui de
la nouvelle garde en rendra compte au Capitaine.

C X C V.

Tous les poſtes étant relevés, la vieille garde retour- *Retour de*
nera au camp, ſon petit corps de garde faiſant l'arrière- *l'ancienne garde.*
garde: elle y arrivera le ſabre à la main & trompette
ſonnante, ſe mettra en bataille à la tête du centre de ſa
brigade; & ayant remis les ſabres, fera face au camp par
une caracole: après quoi le Commandant de la garde
renverra les Cavaliers, & ira rendre compte de ſon retour
au Commandant de la brigade & à celui du régiment.

DU SERVICE DES GARDES ORDINAIRES
dans leurs poſtes.

C X C V I.

Après le départ de l'ancienne garde, le Comman- *E'tabliſſement*
dant de la nouvelle s'emparera du poſte. *dans le poſte.*

C X C V I I.

Il ne pourra en ſortir ni rien changer à la conſigne,
mais ſeulement augmenter de précautions, & en rendre
compte aux Officiers ſupérieurs quand ils le viſiteront.

C X C V I I I.

Lorsqu'il y a du danger, le Commandant doit
reſter à cheval avec ſa garde, & doubler les vedettes.

CXCIX.

LE reste du temps, il fera mettre pied à terre à un rang alternativement, pour débrider les chevaux & les faire manger; & il restera toûjours un Officier au moins, à cheval avec le rang qui y sera.

CC.

OUTRE le petit corps-de-garde & les vedettes qu'il y aura à droite & à gauche de la troupe, il placera un Cavalier à pied sur le derrière du côté du camp, pour être averti s'il vient un Officier général de jour.

CCI.

S'IL y a des bois ou des haies à portée du poste, il les fera fouiller par un Brigadier & quelques Cavaliers avant de faire mettre pied à terre; & quand même le pays seroit uni & découvert autour de lui, il ne laissera pas d'envoyer à une certaine distance, pour examiner s'il n'y auroit point de ravins ou chemins creux.

CCII.

Assiduité au poste.   LE Commandant de la garde ne permettra à aucun Officier ni Cavalier de s'écarter en aucun temps, sous quelque prétexte que ce puisse être.

CCIII.

Communication avec les gardes voisines.   IL aura soin d'avoir une communication libre avec les gardes voisines, afin que rien ne puisse passer entre elles & lui sans être vû.

CCIV.

Consignes.   IL sera consigné aux gardes en avant & sur les flancs du camp, de ne laisser passer au-delà aucuns Cavaliers, Dragons, Soldats ni valets, d'arrêter tous ceux qui se présenteront, de les envoyer au Prevôt, & d'en donner avis au Maréchal-des-logis de la Cavalerie.

C C V.

La même consigne sera donnée aux gardes sur les derrières du camp, excepté qu'elles devront laisser passer les Cavaliers, Dragons & Soldats qui seront porteurs de congés dans la forme prescrite par les ordonnances, & les valets qui auront des congés par écrit de leurs Maîtres, visés du Major du régiment.

C C V I.

Il sera aussi consigné de reconnoître ceux qui arriveront au camp, & de faire conduire les étrangers au Maréchal-des-logis de la Cavalerie, sans cependant causer aucun trouble ni empêchement aux allans & venans pour le commerce & la subsistance du camp, & donnant au contraire toute liberté & sûreté à ceux qui y apportent des vivres & denrées.

C C V I I.

Quand une vedette avertira qu'elle aperçoit une troupe ou plusieurs personnes ensemble venant de son côté, si la garde n'est pas à cheval, le Commandant l'y fera monter : il enverra deux Cavaliers au grand trot, le mousqueton haut, à trente pas en avant des vedettes. Lorsque ceux que ces Cavaliers voudront reconnoître, seront à portée de les entendre, ils crieront *qui vive;* leur ayant été répondu *France,* ils demanderont *quel régiment.* Après la seconde réponse, un des deux Cavaliers ira rendre compte au Commandant de la troupe, l'autre se retirera au poste de la vedette, d'où il criera à la troupe venant, *halte là;* & lorsque le Commandant lui aura envoyé dire de laisser approcher ou passer, il se retirera à sa troupe, après avoir averti ceux qu'il aura arrêtés qu'ils pourront avancer ou passer.

Aller au qui vive.

CCVIII.

Envoi à l'ordre.   Deux heures avant la nuit, le Commandant de la garde ordinaire enverra le Maréchal-des-logis de sa troupe, au Major de sa brigade, pour lui apporter l'ordre & le mot qui lui sera envoyé par écrit & cacheté.

CCIX.

Poste de nuit.   Au coucher du soleil, le Commandant de la garde la fera monter à cheval, fera retirer ses vedettes & son petit corps-de-garde, & se retirera au poste de nuit. En faisant cette retraite il fera deux haltes, & marchera avec une arrière-garde : il tâchera de faire ce mouvement en même temps que les gardes qui seront à sa droite & à sa gauche.

CCX.

Abreuvoir.   Quand il y a du danger, on ne doit faire boire les chevaux qu'après que la garde s'est retirée au poste de nuit ; lorsqu'on les fera boire auparavant, ce ne sera qu'après que la tournée des Officiers généraux & autres aura été faite : on pourra aussi faire boire le matin avant de quitter le poste de nuit, & dans la journée si les chaleurs exigent que l'on fasse rafraîchir les chevaux.

CCXI.

Quand on enverra à l'abreuvoir, si la garde est au poste de jour, elle montera entièrement à cheval, les Officiers à la tête : on ne détachera que six Cavaliers à la fois avec un Brigadier ou un Carabinier, & on attendra que les premiers soient revenus pour en envoyer d'autres. On aura aussi attention de faire relever le petit corps-de-garde pendant qu'il ira faire boire, conduit par l'Officier qui le commandera.

On prendra les mêmes précautions en allant à l'abreuvoir, partant du poste de nuit, si ce n'est que l'on pourra y envoyer un plus grand nombre de chevaux à la fois, pour que cette opération soit plus tôt finie.

C C X I I.

LA garde ordinaire étant établie au poste de nuit, celui qui la commande, après avoir mis des vedettes autour & un petit corps-de-garde en avant, fera mettre pied à terre au reste de la troupe ou à une partie, selon les circonstances.

C C X I I I.

LES vedettes seront toûjours doublées pendant la nuit; & elles seront assez près les unes des autres, pour qu'il ne puisse passer personne entre elles sans être entendu.

C C X I V.

IL y aura du feu au poste de nuit des gardes ordinaires, autant que cela sera possible.

C C X V.

LE Commandant de la garde règlera le temps auquel *Patrouilles.* les Officiers & le Maréchal-des-logis feront tour à tour la patrouille.

C C X V I.

CELUI qui devra faire la patrouille, prendra avec lui deux Cavaliers; & après avoir reçû les derniers ordres du Commandant, il partira le pistolet à la main, suivi des Cavaliers ayant le mousqueton haut, armé & accroché à la bandoulière.

C C X V I I.

ILS marcheront avec le moins de bruit qu'il sera possible, & feront halte de temps en temps pour écouter.

C C X V I I I.

LORSQU'ILS reviendront à la troupe, les vedettes les arrêteront, en leur criant *halte-là;* alors un Brigadier escorté par deux Cavaliers viendra les reconnoître,

F ij

& recevoir le mot de celui qui commandera la patrouille, avec celui du ralliement : après quoi on les laissera rejoindre la garde ; & l'Officier rendra compte au Commandant, de ce qu'il aura vû & entendu.

C C X I X.

POUR éviter que les patrouilles soient découvertes, on conviendra d'un signal muet, que l'on donnera aux vedettes & aux patrouilles.

C C X X.

Reprendre le poste de jour. AU petit point du jour, toute la garde montera à cheval, & y restera jusqu'à ce que la découverte ait été faite.

C C X X I.

LE Commandant enverra un Cavalier de sa garde à l'endroit où s'assemblent les gardes ordinaires, afin de conduire à son poste la nouvelle garde qui devra le relever.

C C X X I I.

LORSQU'IL fera grand jour, on détachera un Maréchal-des-logis avec quatre Cavaliers, pour aller faire la découverte dans tous les endroits qui lui auront été marqués.

C C X X I I I.

LA découverte étant faite, le Commandant de la garde fera retirer les vedettes, & marcher pour reprendre le poste de jour, le petit corps-de-garde faisant l'avant-garde ; & s'il y a un poste d'Infanterie dans le cas de prendre son poste de jour auprès du sien, il observera d'y marcher ensemble, pour se protéger mutuellement.

C C X X I V.

Visites. SI le Commandant du camp, les Officiers généraux

e jour, ou le Commandant de la Cavalerie, vifitent les ardes ordinaires pendant le jour, elles monteront à cheval, es Cavaliers auront le fabre à la main, le Trompette onnera, & les Officiers falueront. Ils feront reçûs de nême que par les piquets, lorfqu'ils font de nuit hors du amp, obfervant que les Cavaliers porteront le moufque- on haut, & que les Trompettes ne fonneront pas.

CCXXV.

POUR le Brigadier de piquet, les gardes monteront cheval pendant le jour, & le Trompette ne fonnera oint : il fera auffi reçû pendant la nuit comme il a été it au titre du Piquet.

CCXXVI.

LE Maréchal-des-logis de la Cavalerie aura le droit le vifiter les gardes ordinaires, dont les Commandans xécuteront ce qu'il leur prefcrira.

CCXXVII.

LES gardes ordinaires monteront à cheval, & fonne- ont quand il paffera une troupe à portée d'elles pendant e jour : elles n'en laifferont paffer aucune allant au camp endant la nuit, quand même elles l'auroient parfaitement econnue pour être de celles du camp : elles la feront efter à l'écart, & ne lui donneront paffage que lorfqu'il era grand jour, à moins d'un ordre du Commandant du amp ou du Maréchal-des-logis de la Cavalerie. *Paffage des troupes.*

CCXXVIII.

ELLES permettront néanmoins à l'Officier qui com- nandera cette troupe, s'il a des nouvelles preffées à donner u Commandant du camp, d'aller chez lui ou d'y envoyer.

CCXXIX.

SI le Commandant d'une garde ordinaire apprend des *Nouvelles.*

nouvelles qui méritent attention, il les écrira, & les enverra par un Cavalier au Maréchal-des-logis de la Cavalerie.

C C X X X.

Deserteurs. S'IL se présente des deserteurs étrangers pour entrer au camp, on les fera conduire par un Brigadier & un Cavalier chez le Maréchal-des-logis de la Cavalerie, à moins qu'il ne fût trop éloigné ; auquel cas on les fera garder à vûe après les avoir fait desarmer, & on les lui amènera avec leurs armes & chevaux, en descendant la garde, sans pouvoir les engager, ni rien acheter d'eux qu'avec la permission du Commandant du camp.

C C X X X I.

Relever les gardes. AUCUNE garde ordinaire n'abandonnera son poste, sous quelque prétexte que ce puisse être, qu'après avoir été relevée par une autre, ou par un ordre écrit du Commandant du camp, du Maréchal-des-logis de la Cavalerie, ou du Major de brigade, à moins qu'un Officier général de jour ou le Major de brigade ne vienne la retirer lui même.

C C X X X I I.

UN Commandant de garde ne pourra refuser de se laisser relever par une autre garde, sous prétexte qu'elle seroit moins nombreuse, ou commandée par un Officier d'un grade inférieur au sien.

C C X X X I I I.

LES jours de marche, les anciennes gardes attendront les ordres du Général pour rentrer dans leurs régimens, ou faire l'arrière-garde; & les nouvelles s'assembleront à l'ordinaire pour suivre le Maréchal-de-camp de jour au campement, & exécuter ses ordres.

CCXXXIV.

La garde du quartier général fournira au Prevôt les Cavaliers dont il aura besoin pour son escorte. *Garde du quartier général.*

Elle ne montera à cheval pour personne sans un ordre du Commandant du camp, qui lui prescrira ce qu'elle aura à faire.

Son Maréchal-des-logis ira prendre l'ordre chez le Maréchal-des-logis de la Cavalerie.

DES VEDETTES.

CCXXXV.

Les vedettes doivent toûjours être mises à portée & en vûe de la garde qui les pose.

CCXXXVI.

Quand elles ont été posées, les Officiers de la garde doivent aller successivement leur faire répéter la consigne.

CCXXXVII.

Elles doivent se tourner de temps en temps de différens côtés, pour mieux découvrir ce qui se passera autour d'elles, & avertir en appelant ou par signes, quand elles découvrent des troupes ou plusieurs personnes venant de leur côté.

CCXXXVIII.

Celles qui sont doublées ne doivent jamais parler ensemble que pour les cas du service : elles seront tournées de deux côtés opposés ; l'une viendra avertir pendant que l'autre restera pour observer ; & si une des deux deserte, l'autre tirera dessus.

CCXXXIX.

LES vedettes doivent toûjours avoir le moufqueton haut & armé, & accroché à la bandoulière.

CCXL.

TOUS Cavaliers qui doivent relever des vedettes, feront conduits par un Brigadier, qui partira de la troupe le fabre à la main, & les Cavaliers le moufqueton haut.

CCXLI.

LES Cavaliers qui feront relevés, auront pareillement le moufqueton haut, jufqu'à ce qu'ils aient rejoint la troupe.

CCXLII.

QUAND le Brigadier aura plufieurs vedettes à relever, il commencera toûjours par la plus éloignée, & ramènera enfemble tous les Cavaliers qu'il aura relevés.

CCXLIII.

LA nouvelle vedette prendra la gauche de la vieille en la relevant, & le Brigadier fe tiendra devant elles, pour avoir attention que la configne foit bien donnée.

DES CAVALIERS D'ORDONNANCE.

CCXLIV.

IL fera commandé tous les jours deux Cavaliers par brigade, pour être d'ordonnance chez le Commandant de la Cavalerie, aux ordres d'un Brigadier.

CCXLV.

IL y aura auffi deux Cavaliers par brigade, avec un Brigadier d'ordonnance chez le Maréchal-des-logis de la Cavalerie.

CCXLVI.

CCXLVI.

Les Brigadiers auront chez eux deux Cavaliers tirés de leur brigade, dont ils ne pourront se faire suivre.

CCXLVII.

Lorsque les Majors de brigade auront des ordres à envoyer, ailleurs qu'aux gardes ordinaires, ils pourront se servir d'un Cavalier du piquet, mais sans pouvoir s'en faire suivre.

DES DÉTACHEMENS.

CCXLVIII.

Tous les détachemens commandés seront formés cha- *Leur assemblées* cun à la tête du régiment qui le fournira.

CCXLIX.

L'Officier major qui en fera l'inspection, visitera les armes & munitions des Cavaliers, en présence des Officiers qui devront commander le détachement : il vérifiera si les Cavaliers auront du pain & de l'avoine pour le temps qui aura été ordonné; & il ne souffrira point aucuns chevaux qui ne soient en bon état.

CCL.

Pour remédier à ce qui pourroit se trouver de manque à cette inspection, il s'y trouvera un Officier; & au défaut d'Officier, un Maréchal-des-logis ou un Brigadier de chaque compagnie.

CCLI.

L'Officier major du régiment conduira ensuite les détachemens au centre de la brigade, d'où le Major de Brigade, après les avoir visités, les conduira au rendez-vous indiqué par le Maréchal-des-logis de la Cavalerie,

G

auquel il les remettra en lui donnant par écrit le nom des régimens qui auront fourni les différens détachemens, & ceux des Officiers de tous grades qui feront attachés à chaque troupe commandée.

C C L I I.

Rang des détachemens. Les détachemens de Cavalerie, de quelque régiment qu'ils foient, marcheront entre eux fuivant le rang de la brigade de laquelle ils auront été tirés; mais les Capitaines commanderont entre eux fuivant l'ancienneté de leurs commiffions.

C C L I I I.

Commandement. L'Officier de grade fupérieur, foit de Cavalerie ou d'Infanterie, commandera par-tout à celui d'un grade inférieur.

C C L I V.

En parité de grade, l'Officier de Cavalerie commandera par préférence à celui d'Infanterie, lorfqu'ils fe trouveront enfemble en campagne.

C C L V.

Tout Officier qui aura été nommé à l'ordre de l'armée pour commander un détachement compofé d'Infanterie & de Cavalerie, le commandera pendant tout le temps que ce détachement fera hors du camp.

C C L V I.

Lorsque l'Officier nommé à l'ordre pour commander un détachement, fera hors d'état de le fuivre, le commandement paffera à un des premiers Officiers qui auront marché avec lui, felon ce qui eft réglé aux articles CCLIII & CCLIV.

C C L V I I.

Mot de ralliement. Tout Officier qui commandera un détachement forant du camp, donnera un mot de ralliement à sa troupe, & même, s'il en est besoin, un rendez-vous pour la rassembler.

CCLVIII.

Quant au retour d'un détachement il se trouvera à la vûe du camp & en dedans des gardes ordinaires, l'Officier qui le commandera fera faire halte à son avant-garde & mettra ses troupes en bataille à mesure qu'elles arriveront, faisant face en dehors du camp. *Retour.*

CCLIX.

Dès que son arrière garde l'aura joint, il fera défiler devant lui chaque troupe pour retourner à leur camp.

CCLX.

Il examinera, avant de faire défiler, s'il ne manquera personne, afin de faire châtier les Cavaliers qui se seront absentés.

CCLXI.

S'il s'en trouve quelqu'un chargé de maraude, il le fera arrêter & conduire sur le champ au Prevôt.

CCLXII.

Après avoir fait l'arrière-garde de tous les détachemens, il ira rendre compte au Commandant du camp, & à celui de la Cavalerie.

S'il est Mestre-de-camp, il ira rendre compte de plus au Brigadier de sa brigade.

Les autres Officiers depuis le Lieutenant-colonel jusqu'au Cornette, rendront compte de même à leur Brigadier, s'ils ont commandé un détachement en chef, & ensuite au Commandant de leur régiment, à qui ils rendront toûjours compte, quand même ils n'auroient fait que marcher avec leurs troupes, sans avoir de commandement.

CCLXIII.

Honneurs. LES détachemens qui rencontreront des troupes, ou des Officiers généraux, auxquels le salut est dû, en useront à cet égard, de même qu'il est dit pour les gardes ordinaires; si ce n'est qu'à leur retour au camp, les Commandans feront former leur troupe faisant face en dehors du camp, pour saluer les Officiers généraux.

DES MARCHES.

CCLXIV.

Boute-selle. TOUTES les fois que la Cavalerie entendra battre la Générale, elle fera sonner le boute-selle.

CCLXV.

AU boute-selle, les Majors de brigade se rendront promptement auprès du Maréchal-des-logis de la Cavalerie, pour recevoir les ordres qu'il aura à leur distribuer.

CCLXVI.

LE piquet montera à cheval, & mettra des vedettes à la queue & sur les flancs du camp, comme il a été dit au titre du Piquet.

CCLXVII.

LES Officiers supérieurs de piquet se trouveront pareillement à la tête du camp, ainsi que le Major de piquet, avec les nouvelles gardes & les campemens.

CCLXVIII.

CES Officiers suivront le Maréchal-de-camp de jour, lorsqu'il se mettra en marche pour aller au nouveau camp.

CCLXIX.

A mesure que le Maréchal-de-camp de jour postera chaque garde, le Major de piquet en prendra note, &

en remettra l'état au Maréchal-de-camp & au Maréchal-les-logis de la Cavalerie, qui en donnera un état au Commandant du camp & à celui de la Cavalerie.

CCLXX.

LE Major fortant de piquet affemblera les détachemens qui feront commandés, foit pour efcorter les équipages, foit pour faire l'arrière-garde, ou pour toute autre commiffion.

Il raffemblera auffi les vieilles gardes, qui n'ayant pas rejoint leurs corps, devront faire l'arrière-garde, ou en compofer une partie.

CCLXXI.

DÈS qu'on fonnera l'affemblée, les Officiers des compagnies feront abattre, plier & charger diligemment les tentes. *Affemblée.*

CCLXXII.

LES Maréchaux-des-logis veilleront avec les Chefs de chambrée, à ce que chaque Cavalier raffemble fon équipage, fans fe charger de chofes inutiles: ils feront éteindre les feux exactement, & empêcheront que les Cavaliers ne brûlent la paille du camp, à quoi les Commandans des corps veilleront pareillement.

CCLXXIII.

L'AVANT-GARDE montera à cheval pour aller prendre les timbales & les étendards.

CCLXXIV.

LORSQU'ON fonnera à cheval, les Cavaliers déboucheront pour fe mettre en bataille à la tête de leur camp, & le piquet rentrera alors dans les compagnies. *A cheval.*

CCLXXV.

Lorsque le Major de brigade fera mettre son régiment en mouvement, ceux des autres régimens de la même brigade en feront autant; & ils marcheront ensemble en bataille, environ trente pas à la tête du camp, où ils feront halte.

CCLXXVI.

Les Brigades marcheront dans le même ordre qu'elles seront campées.

Dès que la première brigade marchera, les autres exécuteront aussi-tôt les mêmes mouvemens, pour que la ligne se déploye en même-temps.

CCLXXVII.

Aucun Officier ne quittera sa troupe pendant la marche, sans la permission du Commandant du régiment.

CCLXXVIII.

Les Officiers majors se promèneront de la tête à la queue de leur régiment, pour examiner si tout est en règle; & ils en rendront compte au Commandant du régiment.

CCLXXIX.

Cavaliers à leur rang. Les Cavaliers ne pourront sortir de leur rang pour s'écarter de la colonne.

CCLXXX.

On obligera ceux qui auront des besoins, à avertir; & on laissera avec eux un Brigadier, qui les obligera de rejoindre diligemment.

CCLXXXI.

Valets. Les Officiers pourront se faire suivre dans les marches, par leurs valets à cheval, qui, en ce cas, se tiendront près de leurs maîtres dans les divisions, sans que sous ce prétexte, aucun Officier puisse y avoir de cheval de bât, ou autre bête d'équipage, mais seulement un cheval de main.

CCLXXXII.

Si quelque Cavalier écarté fait du desordre, on enverra des Officiers pour l'arrêter. *Cavaliers écartés.*

CCLXXXIII.

Si un Cavalier est rencontré hors de la marche de la colonne, sans que les Officiers de sa compagnie aient averti le Commandant du régiment, & celui-ci le Brigadier, celui de ces Officiers qui y aura manqué, sera responsable du desordre que ce Cavalier aura fait.

CCLXXXIV.

Les Officiers, de tel corps que ce soit, feront arrêter tout Cavalier qui ne sera pas à sa troupe, quand même son régiment seroit dans la colonne; & ils le feront conduire à son régiment lorsque l'on sera arrivé au nouveau camp.

CCLXXXV.

Les Commandans des régimens donneront main-forte au Prevôt, s'ils en sont requis, & ils concourront avec lui pour empêcher le desordre. *Main-forte au Prevôt.*

CCLXXXVI.

Ils empêcheront que personne ne tire en marche, & feront arrêter les Cavaliers qui auront tiré, lesquels seront mis pendant huit jours à la garde des étendards. *Défense de tirer.*

CCLXXXVII.

Ils ne souffriront dans les colonnes des troupes, sous tel prétexte que ce puisse être, ni chaise, ni carrosse, ni aucune autre espèce de voitures à roue. *Voitures.*

CCLXXXVIII.

Cris. ILS empêcheront que personne ne crie, ni *halte*, ni *marche*, & qu'on ne fasse passer aucune parole.

CCLXXXIX.

Haltes. SI les troupes de la queue d'une colonne ne peuvent suivre la tête, ou qu'il leur arrive quelque accident qui les oblige à s'arrêter, il en sera détaché un Officier pour avertir celui qui commandera la colonne ; lequel fera halte, s'il le juge à propos, jusqu'à ce que la troupe arrêtée puisse se remettre en marche.

CCXC.

Passage du Commandant. QUAND le Commandant du camp passera le long d'une colonne de Cavalerie en marche, les Officiers & les Cavaliers, sans s'arrêter, mettront le sabre à la main, & les Trompettes sonneront.

Si la colonne est en halte, les escadrons se mettront en bataille.

CCXCI.

Arrivée au nouveau camp. LES régimens en arrivant au nouveau camp, se formeront en bataille à la tête du terrein qui leur sera destiné ; & ils n'y entreront que lorsque le Brigadier l'ordonnera.

DES CUIRASSES.

CCXCII.

TOUS les Officiers, Maréchaux-des-logis, Brigadiers & Cavaliers, seront tenus de porter leurs cuirasse & plastron toutes les fois qu'ils seront commandés ou détachés pour quelque service à cheval.

CCXCIII.

CCXCIII.

Si quelque Officier commandé se trouve au rendez-vous général des gardes, sans cuirasse, l'Officier général de jour ou le Maréchal-des-logis de la Cavalerie, l'enverra au camp aux arrêts, & en avertira le Commandant du camp.

DES ÉQUIPAGES.

CCXCIV.

LA suppression des voitures à deux roues, à l'exception des chaises, ayant été ordonnée, on ne souffrira au camp que des chariots à quatre roues avec un timon, qui seront tirés au moins par quatre chevaux attelés deux à deux.

Voitures.

CCXCV.

LES Brigadiers, Mestre-de-camps, Lieutenant-colonels ou autres anciens Officiers qui pourroient avoir besoin d'une chaise, en demanderont la permission au Commandant du camp, qui la leur donnera par écrit s'il le juge à propos.

CCXCVI.

IL ne pourra y avoir plus d'un Vivandier, un Boulanger & un Boucher à la suite de chaque régiment; & ils auront chacun un chariot seulement.

CCXCVII.

LES Brigadiers & Mestre-de-camps ne pourront avoir plus de seize chevaux d'équipage, y compris l'attelage d'une voiture à quatre roues.

Nombre de chevaux.

CCXCVIII.

LES autres Officiers ne pourront avoir un plus grand nombre de chevaux de monture ou de bât, que celui pour lequel ils reçoivent des fourrages, quand Sa Majesté leur en fait donner.

H

CCXCIX.

Les Majors des régimens donneront au Commandant du camp, un état exact de ce que chaque Officier aura d'équipage, & de leur espèce.

CCC.

Chaque Commandant de brigade choisira entre les Brigadiers des compagnies dont elle sera composée, celui qu'il jugera le plus capable de faire les fonctions de Vaguemestre de cette brigade.

CCCI.

Il sera choisi de même par le Mestre-de-camp, dans chaque régiment, un Brigadier pour faire les fonctions de Vaguemestre particulier du corps, lequel recevra les ordres du Vaguemestre de brigade.

CCCII.

La veille de chaque jour de marche, les Vaguemestres de brigade prendront l'ordre du Maréchal-des-logis de la Cavalerie, sur l'heure & le lieu où les équipages devront être conduits le lendemain; & ils le rendront aux Vaguemestres des autres régimens de leur brigade.

CCCIII.

Les Vaguemestres des régimens disposeront les équipages de leurs régimens en file, suivant le rang des escadrons, & celui des compagnies dans l'escadron.

CCCIV.

Les Vaguemestres des régimens ne souffriront point qu'aucun bagage se mette en marche que le Vaguemestre de la brigade ne soit venu l'ordonner; ce que les Vaguemestres de brigade ne feront point que le Maréchal-des-logis de la Cavalerie n'en ait envoyé l'ordre.

C C C V.

Les Vaguemeſtres feront arrêter tout charretier & conducteur de bagages, qui ſe ſera mis en marche avant l'heure ordonnée.

C C C V I.

Il y aura à chaque régiment un étendard nommé *Fanion*, qui ſera porté par un des Valets que le Major choiſira : la banderole du fanion ſera d'un pied en carré, & d'étoffe de laine des couleurs affectées au régiment, dont le nom y ſera écrit.

Fanion.

C C C V I I.

Lorsque le Vaguemeſtre de brigade aura reçû l'ordre pour marcher, il fera mettre en marche le bagage de chaque régiment, ſuivant le rang que le régiment tiendra dans la brigade.

Marche des bagages.

C C C V I I I.

Le bagage du brigadier marchera à la tête des équipages de la brigade, & devant ceux des régimens qui la compoſeront.

C C C I X.

Le Vaguemeſtre de chaque brigade en conduira les équipages pendant la marche, en ſuivant exactement les guides qui conduiront la colonne, & ſans les devancer.

C C C X.

Il fera arrêter tous les Valets qui voudroient paſſer devant le fanion de leur régiment, à la ſuite duquel ils reſteront raſſemblés, à l'exception de ceux qui marcheront avec leurs maîtres dans les diviſions.

C C C X I.

Il veillera à ce que chaque Vaguemeſtre particulier

H ij

faſſe ſon devoir, & à ce que l'ordre ſoit ponctuellement exécuté.

CCCXII.

CHACUN des Vaguemeſtres particuliers des régimens, ſera aſſidu pendant la marche auprès des bagages de ſon régiment, & tiendra la main à les faire avancer & ſuivre dans le rang où il les aura mis.

CCCXIII.

IL ſera commandé un détachement pour eſcorter chaque colonne d'équipage; & l'Officier qui la commandera devant être inſtruit de l'ordre de la marche, aura ſoin de faire obſerver exactement, ce qui aura été ordonné, & de faire arrêter qui que ce ſoit qui voudra croiſer la file.

CCCXIV.

ON ne donnera aucune eſcorte armée à l'équipage particulier de qui que ce puiſſe être, & on n'y enverra aucun Cavalier; en cas de contravention, le Major du corps dont ſera l'eſcorte en rendra compte au Maréchal-des-logis de la Cavalerie.

CCCXV.

LES Valets ſe tiendront, dans les marches, à l'équipage de leurs maîtres, & les Vivandiers, où ils devront être ſans s'écarter à droite ni à gauche.

CCCXVI.

LES équipages qui ſe feront arrêtés pour quelque cauſe que ce ſoit, ne pourront reprendre la file qu'à la queue des équipages de leur régiment ou de leur brigade; & ſi ceux de leur brigade étoient paſſés avant qu'ils fuſſent en état de marcher, ils ſeront obligés d'attendre que tous les équipages de la colonne ſoient paſſés, pour en prendre la queue.

CCCXVII.

Aucun charretier ni conducteur de bagage, ne coupera ni devancera l'équipage qui le précédera, à moins que celui-ci ne puisse pas suivre la colonne.

CCCXVIII.

Ceux qui contreviendront à ce qui est prescrit ci-dessus pour l'ordre de la marche des bagages, seront punis suivant la rigueur des ordonnances.

CCCXIX.

Les menus équipages marcheront dans le même ordre que les gros, lorsqu'ils en seront séparés; en ce cas, outre l'escorte qui marchera avec les gros équipages, on commandera deux Cavaliers par régiment, avec un Brigadier par brigade, pour contenir les Valets qui seront aux menus équipages.

DES FOURRAGES.

CCCXX.

Lorsqu'il y aura un fourrage commandé, il sera consigné dès la veille aux sentinelles de nuit tirés de la garde des étendards, de ne laisser sortir du camp aucuns Cavaliers ni domestiques sans la permission du Capitaine de piquet; & cette consigne sera renouvelée à ceux de la nouvelle garde qui les relèveront.

CCCXXI.

Dès que le nouveau piquet aura été assemblé le matin à la tête du camp, il posera à la queue & sur les flancs, des vedettes qui auront la même consigne.

CCCXXII.

Les Officiers du piquet se promèneront à cheval autour

du camp, pour voir si ces vedettes feront leur devoir, & s'il ne sortira personne du camp.

CCCXXIII.

ON commandera, dès le soir, les gardes & les petites escortes pour le fourrage du lendemain.

CCCXXIV.

LES gardes destinées à former la chaîne, seront conduites au rendez-vous, à l'heure indiquée, par un Officier major de chaque brigade.

CCCXXV.

LES petites escortes seront d'un Cavalier par compagnie, & commandées par un Capitaine.

CCCXXVI.

ELLES marcheront chacune à la tête des fourrageurs de leur régiment, jusque dans l'enceinte désignée pour le fourrage.

CCCXXVII.

LES fourrageurs marcheront dans le même ordre que les troupes sont campées.

CCCXXVIII.

LES Majors de brigade & de chaque régiment doivent conduire les fourrageurs de leur brigade au rendez-vous du fourrage.

CCCXXIX.

LE Brigadier conduira aussi ceux de sa brigade, & le Mestre-de-camp & le Lieutenant-colonel ceux de leur régiment.

CCCXXX.

IL y aura toûjours un Officier à la tête des fourrageurs de chaque compagnie, pour les contenir ainsi que les valets des Officiers de la compagnie.

CCCXXXI.

LORSQUE le Brigadier ou Meſtre-de-camp commandant les fourrageurs de chaque brigade, aura permis de ſe laiſſer débander, & qu'ils auront mis pied à terre, les petites eſcortes ſeront raſſemblées ou diſperſées, ſelon que le Commandant de la brigade ou du camp l'ordonnera.

CCCXXXII.

LES petites eſcortes ne ſe retireront qu'après que les fourrageurs de la brigade ſe feront retirés; & le Commandant de la brigade les ramènera avec ordre, accompagné de tous les Officiers.

DES DISTRIBUTIONS.

CCCXXXIII.

LORSQU'IL y aura des diſtributions à faire, les Cavaliers de chaque régiment y ſeront conduits en bon ordre, par un Officier major.

CCCXXXIV.

CET Officier aura attention à ce que la diſtribution ſoit faite en règle, & donnera ſon reçû de ce qui aura été fourni.

CCCXXXV.

IL ſe concertera avec le Commiſſaire des guerres qui ſera préſent, pour lever les difficultés qui pourroient ſurvenir, & s'abſtiendra de toutes voies de fait.

CCCXXXVI.

SI le Commiſſaire des guerres & l'Officier major ne s'accordoient pas ſur la manière de terminer les difficultés ſurvenues, l'Officier major en rendra compte au Major de brigade, & celui-ci au Maréchal-des-logis de la

Cavalerie, & le Commissaire des guerres à l'Intendant.

CCCXXXVII.

L'Officier chargé de ce détail ne se présentera point à la distribution, qu'il n'ait un état exact du nombre des rations qu'il aura à demander pour le régiment, compagnie par compagnie.

CCCXXXVIII.

Il se rendra d'abord où le Commis principal tiendra le bureau; & celui-ci lui donnera un Commis particulier pour le conduire avec sa troupe au lieu où la distribution devra être faite.

CCCXXXIX.

Il sera fait mention sur les reçûs, des quantités qui auront été délivrées pour chaque compagnie & pour l'Etat-major.

CCCXL.

Le même ordre s'observera à toutes les distributions, de quelque espèce qu'elles soient.

CCCXLI.

On chargera, autant qu'il se pourra, le même Officier, d'assister toûjours à la même espèce de distribution.

CCCXLII.

Les distributions se feront à chaque régiment, dans le rang qui aura été prescrit à l'ordre.

DE LA DISCIPLINE
& Police du Camp.

CCCXLIII.

Prendre les armes. Aucun régiment ne prendra les armes sans la permission du Commandant du camp, à moins qu'il ne lui soit

soit ordonné par un Officier général de jour, le Commandant ou le Maréchal-des-logis de la Cavalerie : si c'est par l'ordre d'un Officier général de jour, le Major de brigade en avertira sur le champ le Maréchal-des-logis de la Cavalerie, & son Brigadier.

CCCXLIV.

TOUS les Officiers porteront les habits uniformes de leur régiment : ils ne monteront point de chevaux qui n'aient aussi des housses de cet uniforme ; & ne paroîtront point chez le Commandant du corps, ni aucun autre Officier supérieur, sans être bottés. *Uniforme des Officiers.*

CCCXLV.

LES Brigadiers qui ne commanderont point de brigade, camperont régulièrement, ainsi que les Mestre-de-camps & autres Officiers, chacun à leur régiment & compagnie. *Campement des Officiers.*

CCCXLVI.

LES Officiers majors camperont pareillement à leur régiment, à l'exception des Majors de brigade, lorsqu'il leur aura été marqué un logement dans le terrein de leur brigade.

CCCXLVII.

AUCUN Officier ne pourra s'absenter du camp, ni même en découcher, quand ce ne seroit que pour un jour, sans la permission par écrit du Commandant du camp ; & on s'adressera au Maréchal-des-logis de la Cavalerie pour avoir cette permission. *Absence des Officiers.*

CCCXLVIII.

A l'arrivée des troupes au camp, on fera battre des bans pour publier les défenses ci-après, sous les peines *Bans.*

portées par les ordonnances, ou celles qui seront ordonnées par le Commandant du camp, s'il juge à propos d'en infliger de plus sévères.

CCCXLIX.

Défenses. IL sera défendu de rien prendre dans les maisons voisines du camp, ni dans aucun autre lieu, de cueillir aucuns fruits, herbages ni légumes dans les jardins ni dans les champs, de couper aucun arbre fruitier ou autre, ni aucune haie, & d'entrer dans les vignes.

CCCL.

Chasse & pêche. IL sera pareillement défendu à tous Officiers, Cavaliers & Valets, de chasser & de pêcher : les Commandans des corps puniront ceux qui y contreviendront, & en rendront compte au Commandant du camp.

CCCLI.

Vivres. MESMES défenses seront faites aux Cavaliers & à tous autres, de prendre quoique ce puisse être aux paysans & autres personnes qui apporteront des vivres & autres denrées au camp, soit à titre de rétribution ou autrement, ni de leur faire aucun tort ou violence, même d'aller au-devant d'eux, soit pour prendre ces vivres en les taxant arbitrairement, ou pour les choisir avant qu'ils soient arrivés au lieu qui sera désigné pour servir de marché, ni de donner aucun empêchement aux moulins : le tout pour quelque cause & sous quelque prétexte que ce puisse être.

CCCLII.

QUI que ce soit qui se trouvera chargé de hardes ou ustensiles prises en maraude, sera arrêté & envoyé au Prevôt.

CCCLIII.

LES Majors ne souffriront point qu'aucuns autres Vivandiers que ceux de leur régiment, s'établissent dans le terrein qu'il occupera. — *Vivandiers.*

CCCLIV.

ILS ne souffriront point non plus qu'il y ait aucuns gens sans aveu à la suite des corps. — *Gens sans aveu.*

CCCLV.

NUL Cavalier ne pourra aller camper au quartier général ni ailleurs que dans le terrein de son régiment, pour faire aucun métier ou commerce. — *Commerce.*

CCCLVI.

ILS ne pourront aussi aller au quartier général sous prétexte d'acheter des vivres, sans une permission par écrit de leur Capitaine, signée du Major du régiment; laquelle permission ne pourra être accordée que pour y rester depuis sept heures jusqu'à onze heures du matin.

CCCLVII.

LES Cavaliers ne pourront rien vendre dans le camp sans une permission par écrit du Major de leur régiment.

CCCLVIII.

IL sera défendu aux Cavaliers de passer les gardes établies autour du camp, sans un congé dans la forme prescrite par les ordonnances: ceux qui se trouveront hors des gardes, sans même y avoir fait de desordre, seront arrêtés & punis comme deserteurs; & on les punira comme voleurs s'ils se trouvent avoir commis du desordre. — *Passer les gardes.*

CCCLIX.

LES Mestre-de-camps ou Commandans des corps ne

pourront permettre à aucuns Cavaliers de passer les gardes du camp, à moins que les congés qu'ils leur donneront ne soient approuvés du Commandant du camp, qui les fera viser, s'il le juge à propos, par le Maréchal-des-logis de la Cavalerie.

C C C L X.

S'IL arrivoit qu'on arrêtât aux environs du camp quelque Cavalier qui eût découché sans que son Capitaine en eût averti, le Capitaine sera interdit & payera le desordre fait par le Cavalier arrêté ; & le Commandant du régiment sera mis aux arrêts.

C C C L X I.

Mettre l'épée à la main. IL sera défendu aux Cavaliers de mettre l'épée à la main dans le camp & aux environs.

C C C L X I I.

Balles & plomb. ILS ne pourront tirer ni avoir aucune balle, plomb à giboyer ou moule pour en couler.

C C C L X I I I.

EN arrivant au camp, les Officiers feront en présence des Commandans des corps, une visite exacte des armes & équipages des Cavaliers de leur compagnie ; feront décharger les armes avec un tire-bourre, ou, si cela ne se peut, les feront tirer devant eux en prenant toutes les précautions nécessaires pour qu'il n'en arrive pas d'accident ; & ils prendront toutes les balles & autre plomb que les Cavaliers pourront avoir.

C C C L X I V.

LORSQU'APRÈS les pluies il sera nécessaire de faire décharger les armes, on y procédera de la même manière en présence d'un Officier, entre neuf & dix heures du matin.

CCCLXV.
A la séparation du camp, les Officiers rendront aux Cavaliers le plomb qu'ils leur auront ôté.

CCCLXVI.
LORSQU'ON assemblera les gardes ordinaires & autres détachemens, il sera donné trois balles à chaque Cavalier commandé pour lesdites gardes & détachemens, par le Maréchal-des-logis de leur compagnie, qui aura attention de se faire rendre ces balles au retour des gardes & détachemens.

CCCLXVII.
IL sera défendu à tous Cavaliers de se travestir, ni porter d'autres habits que les uniformes des régimens dont ils seront, même de retourner leur juste-au-corps, sous quelque prétexte que ce puisse être, ni de prêter leurs habits uniformes à des Cavaliers, Dragons ou Soldats d'autres régimens. *Uniforme des Cavaliers.*

CCCLXVIII.
LES Commandans des corps tiendront la main à ce qu'il ne soit établi dans le camp ni aux environs, aucun jeu de hasard, sous quelque nom qu'il puisse être déguisé; & feront mettre en prison, tant ceux qui auront donné à jouer, que les Officiers qui auront joué. *Jeux.*

CCCLXIX.
LES Officiers & Maréchaux-des-logis de piquet visiteront de temps en temps les lieux où les Cavaliers pourroient tenir des jeux dans le voisinage du camp; & ils enverront des patrouilles pour arrêter ceux qui se trouveront en contravention.

CCCLXX.

Cris défendus. ON ne se servira point dans les camps du mot *arrête*, pour quelque cause que ce soit; & s'il s'agit de faire arrêter quelqu'un, on criera au *voleur*.

CCCLXXI.

LE terme d'*alerte* sera aussi interdit pour y faire prendre les armes; & les Officiers & Maréchaux-des-logis tiendront la main à ce que l'on se serve de celui d'appeler *aux armes*.

CCCLXXII.

Envoi au Prevôt. LORSQUE les Majors des régimens enverront quelque Cavalier ou Valet au Prevôt, ils marqueront sur un billet le sujet pour lequel ils y seront envoyés.

CCCLXXIII.

Deserteurs étrangers. AUCUN Officier ne pourra engager un deserteur venant du pays étranger, ni acheter ses armes ni son cheval, qu'après qu'il en aura obtenu la permission du Commandant du camp.

CCCLXXIV.

Chevaux perdus. LES chevaux qui seront trouvés sans maîtres ou sans conducteurs, dans le camp ou aux environs, seront conduits chez le Prevôt, qui les rendra à qui ils appartiendront.

CCCLXXV.

ON restituera de même, sans rien payer, ceux qui ayant été volés ou perdus, seront réclamés par leurs maîtres, quand même ils auroient été vendus par ceux qui les auroient volés ou trouvés; devant être défendu à qui que ce puisse être, d'acheter des chevaux que d'une personne connue.

CCCLXXVI.

LES Majors des régimens rendront compte exactement *Compte à rendre.* à leur Commandant & à leur Brigadier, de tout ce qui s'y paffera de contraire à la difcipline, & des punitions qui auront été ordonnées ; & les Brigadiers en rendront compte au Commandant de la Cavalerie, qui de fon côté informera le Commandant du camp de tout ce qui méritera attention.

FAIT à Verfailles, le vingt-neuf juin mil fept cent cinquante-trois. *Signé* M. P. DE VOYER D'ARGENSON.